Davranış Eğitimi
Melis ile Ege'nin Fotoğraf Sandığı

YENİ DİŞİM

Yazan: **ELİF ÇİFTÇİ YILMAZ**
Resimleyen: **EDA ERTEKİN TOKSÖZ**

FLOKİ
Çocuk

Bu sabah, Melis keyifsizce, "Günaydın!" dedi annesine.

Garip bir şeyler olduğunu anlayan annesi sordu: "Anlat bakalım ne oldu, gece rahat uyuyamadın mı güzel kızım?"

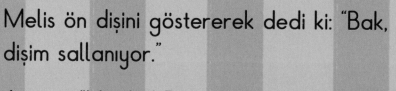

Melis ön dişini göstererek dedi ki: "Bak, dişim sallanıyor."

Annesi, "Harika! Demek benim kızım artık büyüyor." dedi.

Melis, bahçede Kanki ile oynayan Ege'nin yanına gidip "Ege, dişim sallanıyor." dedi.

Ege, "Demek sen de büyümeye başladın." dedi ve ağzını kocaman açıp yeni dişini gösterdi. Ege'nin de dişi çıkmış ve yerine yenisi gelmişti. Melis şaşırmıştı. Demek her çocuk böyle büyüyordu.

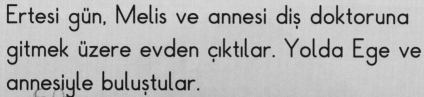

Ertesi gün, Melis ve annesi diş doktoruna gitmek üzere evden çıktılar. Yolda Ege ve annesiyle buluştular.

Doktora geldiklerinde sıra bekleyen başka çocuklar da vardı. Sıra Ege'ye gelince Melis ile birlikte doktorun odasına girdiler. Doktor gülümseyerek "Merhaba çocuklar, ben Mete." dedi.

Melis, "Merhaba doktor amca," dedi çekinerek.

Doktor, "Haydi Egeciğim, dişlerine bir bakalım." dedi.

Ege ağzını kocaman açtı ve doktor dedi ki: "Aferin Ege! Dişlerin bembeyaz ve sağlıklı."

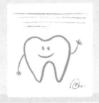

Doktor, Melis'e, "Evet Melis, şimdi sıra sende." dedi.

Ege hemen dedi ki: "Melis artık büyüdü çünkü dişi sallanıyor."

Doktor, "Tebrikler Melis, demek yeni diş gelecek." dedi.

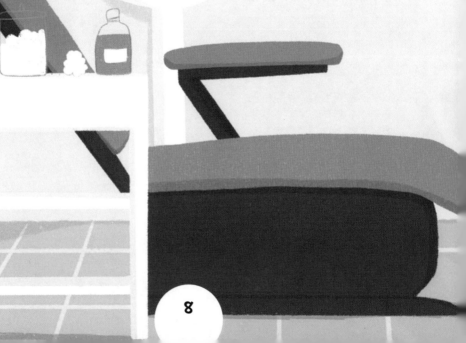

Melis biraz korktuğunu
söyleyince doktor sordu:
"Sen cesur bir kızsın, yeni
dişlerin olsun istemez misin?"

Melis, "Tabii ki isterim." diye
cevap verdi.

Melis koltuğa uzandı. Doktor, "Evet, bu diş artık eskimiş ve gitmek istiyor." dedi ve Melis'in dişine fısfıs sıktı. Ege destek olmak için Melis'in elini tuttu.

Melis'in dişi uyuşmuştu. Doktor sallanan dişi hemen çekti. Canı hiç acımayan Melis, dışarıda bekleyen annesine koşup sarıldı. Annesi çıkan minik dişi süslü bir kutuya koydu.

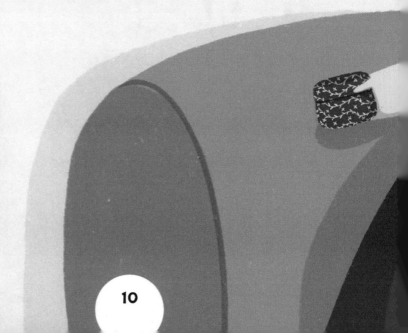

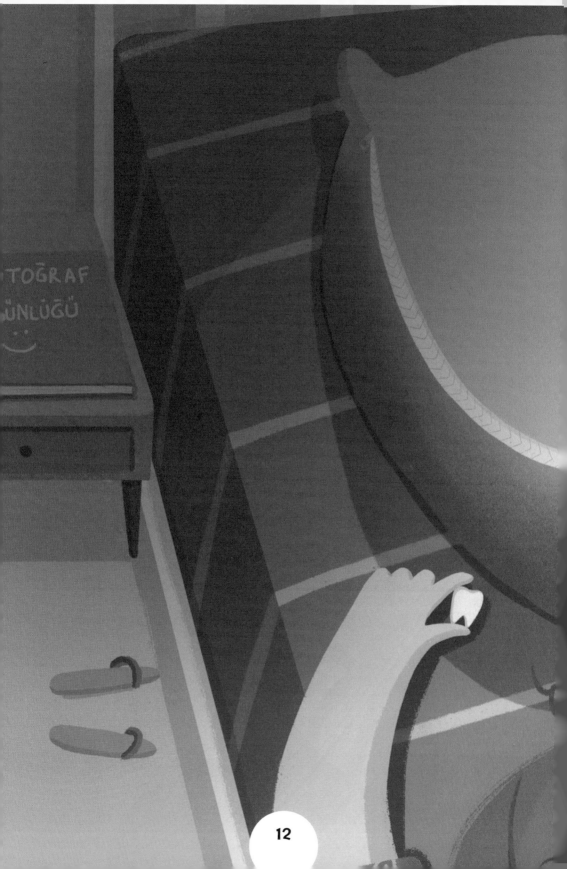

Eve döndüklerinde Melis, dişini dedesine gösterdi. Dedesi, "Bu minik dişi yastığının altına koy, bakalım sana ne getirecek?" dedi.

Melis yatmadan önce dişini yastığının altına koydu.

Ertesi sabah uyandığında yanında bir hediye paketi duruyordu. Paketi Ege ile açtılar. Paketin içinden resim defteriyle renkli boya kalemleri çıkmıştı.

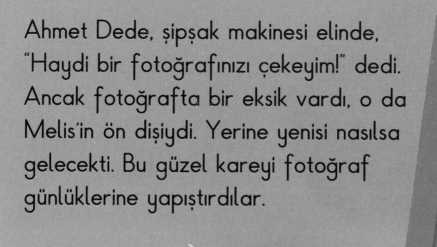

Ahmet Dede, şipşak makinesi elinde,
"Haydi bir fotoğrafınızı çekeyim!" dedi.
Ancak fotoğrafta bir eksik vardı, o da
Melis'in ön dişiydi. Yerine yenisi nasılsa
gelecekti. Bu güzel kareyi fotoğraf
günlüklerine yapıştırdılar.

Kol kola girip başladılar şarkı söylemeye.

Haydi, onlar ile birlikte sen de söyle!

Yeni Dişim

Bir sabah uyandım,

Eskisinden farklıydım,

Minik dişim sallandı,

Herkes bu işe şaşırdı.

Doktor amca dedi ki,

Meraklanma Melisçik,

Çekeceğim dişini,

Gelecek yenisi

Çocuklar gülmeyi sever.

Parlar inci gibi dişler,

Olmayınca çürükler.